VON
FÜR

ISBN 978-3-8157-9897-3

ILLUSTRATION: FELICITAS HORSTSCHÄFER
TEXTSAMMLUNG: INGA HAGEMANN

PRINTED IN CHINA
WWW.COPPENRATH.DE

MIT DIR IST DAS LEBEN SCHÖNER!

COPPENRATH

ES GIBT 7 WELTWUNDER,
6 KONTINENTE,
5 ECKEN DES PENTAGRAMMS,
4 BLÄTTER AM KLEE,
3 WELTMEERE –
2 SEITEN DER MEDAILLE,
DOCH DICH GIBT ES NUR
EINMAL!

KALENDERSPRUCH

MAN SAGT, DIE GRÖẞTEN SCHÄTZE
LIEGEN GANZ TIEF UNTER DER ERDE.
ABER DAS STIMMT NICHT,
DENN **DU** STEHST AN MEINER SEITE.

AGNES RAPHAELI

DER BRAUNE BÄR LEBT IN SIBIRIEN,
IN AFRIKA, DA WOHNT DAS GNU.
DAS SCHWARZE SCHWEIN
GRUNZT AUF SIZILIEN,
IN MEINEM HERZEN
HAUST NUR DU.

VOLKSGUT

DIE LIEBE IST DAS
CHARMANTESTE
UNGLÜCK, DAS UNS
ZUSTOßEN KANN.

CURT GOETZ

DIE LIEBE IST EIN BOOGIE-WOOGIE
DER HORMONE. HENRY MILLER

LIEBE IST EINE TOLLE KRANKHEIT – DA MÜSSEN IMMER GLEICH ZWEI INS BETT.

ROBERT LEMBKE

DIE LIEBE IST DER AUSTAUSCH
ZWEIER FANTASIEN
UND DIE BERÜHRUNG
ZWEIER HAUTSCHICHTEN.

NICOLAS CHAMFORT

ICH LIEBE DICH
SO SEHR –
ICH WÜRDE DIR
OHNE BEDENKEN
EINE KACHEL
AUS MEINEM OFEN
SCHENKEN.

JOACHIM RINGELNATZ

ES GIBT
DOCH NICHTS ANDERES,
WOFÜR ES SICH ZU LEBEN LOHNT,
ALS DIE LIEBE.

WIM WENDERS

MORGENS KANN ICH NICHTS ESSEN,
WEIL ICH DICH SO LIEBE,
MITTAGS KANN ICH NICHTS ESSEN,
WEIL ICH DICH SO LIEBE,
ABENDS KANN ICH NICHTS ESSEN,
WEIL ICH DICH SO LIEBE, UND
NACHTS KANN ICH NICHT SCHLAFEN-
WEIL ICH SOLCHEN HUNGER HABE.

GRAFFITO

LIEBE

LIEBE IST DER MOTOR
MEINES LEBENS.
SIE GIBT MIR KRAFT,
SICHERHEIT UND DEN WILLEN,
ES ZU SCHAFFEN.

MICHELLE HUNZIKER

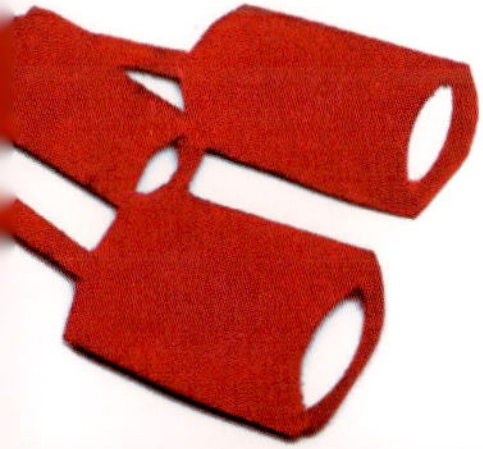

LIEBE HEIẞT,
DASS WIR UNS
DEM ANDEREN
GANZ OHNE GARANTIE
AUSLIEFERN.

ERICH FROMM

BESONDERS
GLUCKLICH BIN
ICH, WENN EINER
GLUCKLICH IST,
DEN ICH liebe.
AUS JAPAN

DIE LIEBE ZEIGT SICH IN TATEN – NICHT IN REDENSARTEN.

PABLO PICASSO

LIEBEN LERNEN HEIẞT:
SICH ÖFFNEN,
ZUHÖREN, DA SEIN.

SENTA BERGER

FÜR MICH IST EINE BEZIEHUNG IMMER DANN GUT, WENN DA NICHT EINER IST, DER MEHR LIEBT ALS DER ANDERE.

KATJA FLINT

FREUNDSCHAFT UND VERTRAUEN
SIND DAS GRUNDGEFÜHL,
EROTIK IST DIE SAHNE AUF DEM KUCHEN.
VERLIEBTSEIN KANN MAN JA NICHT
JAHRELANG KONSERVIEREN. TIL SCHWEIGER

EINE LANGE LIEBE
LEHRT DICH BEGREIFEN,
WAS ZUSAMMENLEBEN BEDEUTET.
NICHT NUR HONEYMOON.
NICHT NUR VERLIEBTHEIT,
SONDERN AUCH DIE ERSTEN TIEFEN,
DIE ERSTEN NIEDERLAGEN
GEMEINSAM TRAGEN.

SENTA BERGER

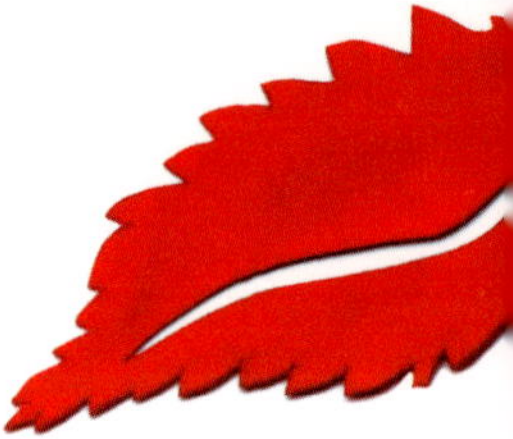

AUCH WENN ES KITSCHIG KLINGT:
LIEBE VERLEIHT MIR FLÜGEL.

FRANKA POTENTE

WENN MAN SICH ERST RICHTIG VERLIEBT, IST DAS ETWAS SEHR KOSTBARES.
UMA THURMAN

ICH GLAUBE, IN EINER PARTNERSCHAFT
IST ES UNHEIMLICH WICHTIG,
DASS MAN DEM ANDEREN DEN
NÖTIGEN FREIRAUM ZUM ATMEN,
ZUM LUFTHOLEN LÄSST.
NUR SO KANN DIE LIEBE ÜBERLEBEN.

CAMERON DIAZ

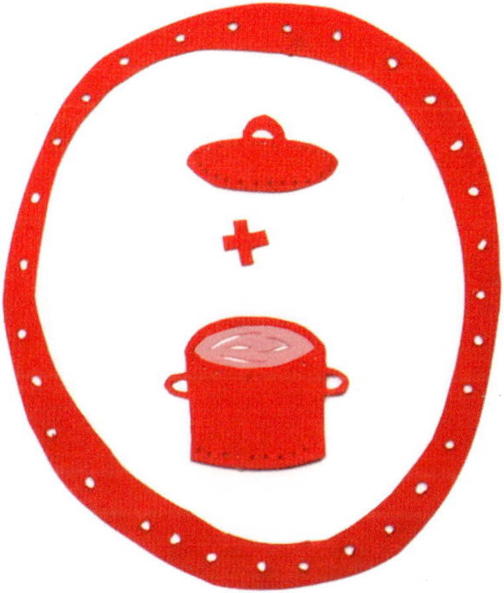

ICH GLAUBE SEHR STARK DARAN,
DASS ES FÜR JEDEN MENSCHEN
AUF DER WELT JEMANDEN DA DRAUßEN
GIBT, DER GENAU ZU EINEM PASST.

KATE WINSLET

LIEBE GLEICHT
DEM MOND:
WENN SIE NICHT
ZUNIMMT,
NIMMT SIE AB
AUS PORTUGAL

LIEBE IST EIN GLAS,
DAS ZERBRICHT,
WENN MAN ES ZU
UNSICHER ODER
ZU FEST ANFASST.

AUS RUSSLAND

MAN KANN OHNE LIEBE
HOLZ HACKEN,
ZIEGEL FORMEN,
EISEN SCHMIEDEN.
ABER MAN KANN NICHT
OHNE LIEBE
MIT MENSCHEN UMGEHEN.

LEO N. TOLSTOI

DIE WICHTIGSTE STUNDE
IST IMMER DIE GEGENWART.
DER BEDEUTENDSTE MENSCH
IST IMMER DER, DER DIR GERADE
GEGENÜBERSTEHT.
DAS NOTWENDIGSTE WERK
IST STETS DIE LIEBE.

MEISTER ECKHART

ES GIBT NUR DREI WIRKLICH WICHTIGE
FRAGEN IM LEBEN:

WAS IST HEILIG?
FÜR WAS LOHNT ES SICH ZU LEBEN
UND FÜR WAS ZU STERBEN?
WAS IST DER SINN DES LEBENS?
AUF ALLES GIBT ES NUR EINE ANTWORT:
DIE LIEBE.

AUS SPANIEN

Liebe

LIEBE BERAUSCHT, SAGT MAN.
LIEBE ERNÜCHTERT, SAGT MAN.
LIEBE LÄSST KLAR SEHEN, SAGT MAN.
LIEBE MACHT BLIND.
LIEBE VERDIRBT.
LIEBE VEREDELT.
LIEBE STÄRKT.
LIEBE SCHWÄCHT.
LIEBE BRINGT PEIN
UND LIEBE BRINGT GLÜCK.
WO, WER IST JENER SAGTMAN?
LIEBE MACHT GAR NICHTS,
ERWIDERE ICH IHM.
WIR MACHEN DIE LIEBE ZU DEM,
WAS SIE UNS WIRD.

GOTTFRIED KELLER

DIE ENGEL, DIE NENNEN ES
HIMMELSFREUD,
DIE TEUFEL, DIE NENNEN
ES HÖLLENLEID,
DIE MENSCHEN, DIE
NENNEN ES LIEBE.

HEINRICH HEINE

LIEBE IST EIN ZEITWORT,
EIN VERHÄLTNISWORT,
EIN ZAHLWORT ODER
EIN UMSTANDSWORT –
JE NACHDEM.

ORSON WELLES

FÜR MICH GEHÖRST DU ZU DEN RIESEN.
DU HAST AUF JEDEN FALL BEWIESEN,
DASS DU DIE LÄNGSTEN ARME HAST.
DU HAST DIE STERNE ANGEFASST.

FRANTZ WITTKAMP

WENN DIE FLÜSSE AUFWÄRTS FLIEßEN
UND DIE HASEN JÄGER SCHIEßEN
UND DIE MÄUSE KATZEN FRESSEN,
DANN ERST WILL ICH DICH VERGESSEN!

POESIEALBUMSPRUCH

FÜR
IMMER